AUTOCOLLANTS USBORNE

J'habille mes amies
Créatrice de mode

COLLECTIONS AUTOMNE ET HIVER

Maquette et illustrations : Stella Baggott
Illustrations supplémentaires : Antonia Miller
Texte : Fiona Watt
Traduction : Véronique Duran

Collection Automne
Sommaire

Comment utiliser ce livre

Ces deux pages t'expliquent comment créer différentes tenues et habiller les mannequins à l'aide des autocollants fournis, et également comment décorer ce livre.

Les autocollants

Certains des autocollants peuvent être collés directement, d'autres sont à compléter ou à colorier selon tes goûts.

Colorie ou dessine un motif sur les autocollants non illustrés.

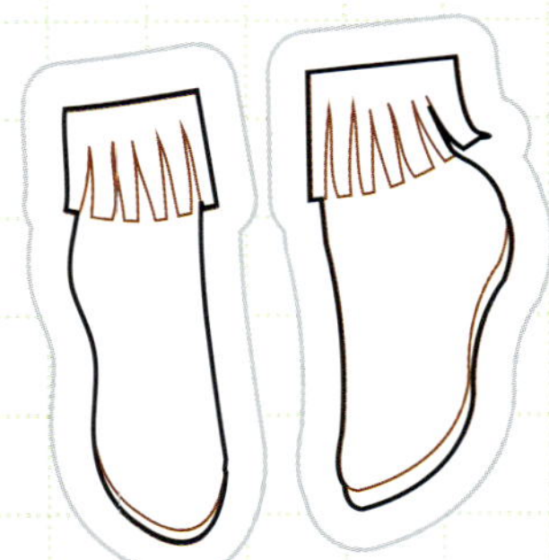

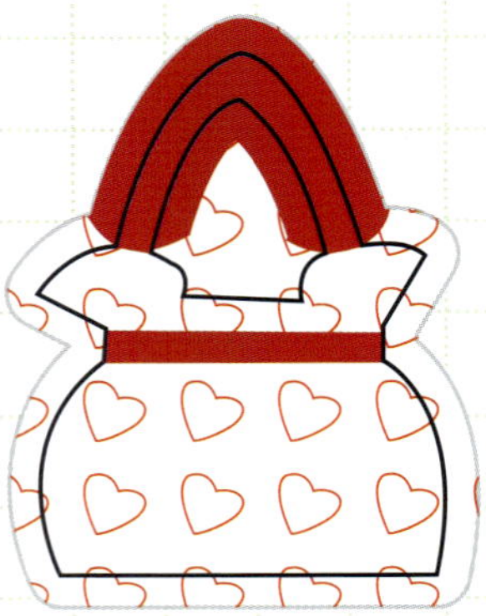

Colorie les autocollants déjà décorés.

Colle les autocollants de couleur sans les modifier.

Suggestions

Voici quelques exemples de motifs pour les autocollants non illustrés. D'autres suggestions sont données plus loin dans le livre.

Échantillons de tissu, découpés avec des ciseaux crantés.

Tu peux aussi dessiner de jolis motifs comme ceux-ci sur une robe ou un sac.

Attention !

Le papier est très lisse : si tu dessines dessus avec des feutres, laisse l'encre sécher quelques minutes sur l'autocollant pour ne pas faire de bavures en détachant celui-ci.

Comment choisir une tenue

Bien que classés sous différents thèmes, les autocollants de ce livre conviennent à tous les mannequins représentés et peuvent être mélangés. Des autocollants supplémentaires te permettent de créer tes propres vêtements.

Conseil

Mieux vaut colorier les autocollants sur leur page d'origine, juste au cas où ton crayon déborderait.

N'oublie pas d'accessoiriser, en ajoutant un chapeau par exemple.

Trace des coutures apparentes ou dessine des perles avec un feutre fin.

Choisis un sac pour compléter la tenue.

Commence par faire un fond de couleur claire, puis ajoute des motifs plus foncés.

Mood board

Un « mood board » est un tableau sur lequel les créateurs de mode assemblent les divers éléments (couleurs, bouts de tissu, photos) qui les inspirent.

Fabrique ton propre mood board en remplissant l'arrière-plan d'autocollants.

Idées de couleurs à utiliser sur les autocollants.

Certains autocollants se présentent sous forme d'images ou de photos, qui te serviront à décorer les pages une fois les mannequins habillés.

Feuilles d'automne

Crée des tenues en t'inspirant des couleurs de l'automne, telles que le jaune, l'orange, le rouge et le marron, puis assortis des accessoires à chaque tenue.

Décore la page avec des autocollants et des échantillons de tissu.

Idées de couleurs à utiliser.

Écossais et carreaux

Les créateurs de mode marient souvent motifs écossais et couleurs unies. Habille les mannequins, puis accessoirise leurs tenues.

Crée tes propres motifs écossais en coloriant les échantillons ci-dessous.

Idées de couleurs à utiliser.

Tenues de ville

Accessoirise les tenues de ces mannequins pour un week-end de tourisme et de shopping.

Colorie ces sacs dans des couleurs assorties aux tenues.

Idées de couleurs à marier.

Ajoute des bottines ou des chaussures à chaque tenue.

Motifs cachemire

Des motifs très élaborés appelés cachemire sont tissés ou imprimés sur des tissus depuis plus de deux cents ans. Complète la tenue des mannequins avec les motifs des pages d'autocollants ou ceux de ta propre création.

Accessoirise la tenue de chaque mannequin.

Colle les cercles
ornés de motifs
cachemire
ci-dessus.

Tenue de pluie

Marie des teintes de bleu et de violet à du rose foncé pour habiller ce mannequin s'abritant de la pluie.

Les autocollants consacrés à cette page ne conviennent qu'à ce mannequin.

Dessine des motifs sur les parapluies unis.

Tweed texturé

Superpose des vêtements chauds en laine pour créer des tenues adaptées à une fraîche matinée d'automne.

Colorie les échantillons pour créer tes propres tissus.

Tenues d'Halloween

Crée des tenues adaptées à une soirée d'Halloween. Marie le vert citron, le violet, l'orange et le noir.

Décore ces pages avec des autocollants et des échantillons inspirés d'Halloween.

Dessine une araignée se balançant sur cette toile.

Tenues ethniques

Décore les autocollants de formes géométriques telles que triangles, zigzags et losanges. Superpose les vêtements pour créer des tenues confortables.

Colle les gros cercles
décorés de la page
des autocollants
ci-dessous.

En randonnée

L'automne est la saison des longues promenades dans les bois. Crée des tenues, avec écharpes, chapeaux et autres accessoires.

Colorie ces chaussures dans des couleurs assorties aux tenues.

Fleurs folkloriques

Les créateurs de mode ajoutent souvent à leurs vêtements des finitions inspirées de motifs traditionnels. Crée des tenues ornées de fleurs de couleurs vives.

Finis de colorier ces fleurs.

Idées de couleurs à utiliser.

Tenues de bal gothiques

Habille les mannequins pour aller à un bal gothique, puis complète les tenues avec des accessoires assortis.

Colle ici les gros cercles décorés de la page des autocollants.

Décore ces pages avec des autocollants de chauve-souris ou dessines-en toi-même.

Ton propre carnet de croquis

Remplis un cahier de tes propres idées : décalque ou recopie le modèle de mannequin ci-contre, puis utilise les autocollants qui restent pour l'habiller. Ou tu peux simplement lui dessiner des vêtements.

Invente tes propres imprimés ou découpe des motifs dans des magazines.

Colle des découpages d'objets de la même couleur que tes créations.

Les créateurs s'inspirent souvent des couleurs de la nature.

Modèle à décalquer.

Dessine des motifs dans les marges.

Colle des illustrations ou photos de magazines qui t'ont inspiré.e.

Feuilles d'automne pages 4-5

Décore ces autocollants avec des feutres dans des teintes d'orange, de rouge, de jaune et de marron.

Écossais et carreaux

pages 6-7

Pour des tenues originales, combine hauts à motifs et bas unis, ou l'inverse.

Tenues de ville pages 8-9

Choisis des autocollants pour les mannequins pages 8 et 9, puis colle ceux qui restent sur d'autres pages.

Motifs cachemire

pages 10-11

Avec des feutres fins, dessine de jolis motifs fleuris sur la robe ci-dessous. Colle le legging et le pantalon avant les hauts.

Échantillons et motifs pour décorer les pages.

Tenue de pluie page 12

Colle d'abord la blouse, puis superpose d'autres vêtements par-dessus. Ajoute le serre-tête ou le nœud dans les cheveux.

Tweed texturé page 13

Inspire-toi des échantillons de la page 13 pour décorer ce pantalon d'un motif texturé.

Tenues d'Halloween
pages 14-15

Décore ces vêtements et chaussures de motifs inspirés d'Halloween.

Tenues ethniques pages 16-17

Avant d'ajouter les autres autocollants, colle les leggings.

En randonnée pages 18-19

Habille les mannequins, puis colle les autocollants d'oiseaux dans les arbres.

Fleurs folkloriques pages 20-21

Dessine des motifs fleuris sur ces vêtements et ces accessoires avec des feutres de couleur vive.

Autocollants pour décorer les pages.

Broderies folkloriques

Tenues de bal gothiques pages 22-23

Colle les chaussures avant les jupes.

J'habille mes amies
Créatrice de mode

Collection Hiver

Sommaire

Comment utiliser ce livre

Ces deux pages t'expliquent comment créer différentes tenues et habiller les mannequins à l'aide des autocollants fournis, et également comment décorer ce livre.

Les autocollants

Certains des autocollants peuvent être collés directement, d'autres sont à compléter ou à colorier selon tes goûts.

Suggestions

Voici quelques exemples de motifs pour les autocollants non illustrés. D'autres suggestions sont données plus loin dans le livre.

Échantillons de tissus, découpés avec des ciseaux crantés.

Attention !

Le papier des autocollants est très lisse : si tu dessines dessus avec des feutres, laisse l'encre sécher quelques minutes sur l'autocollant pour ne pas faire de bavures en détachant celui-ci.

Choisir une tenue

Bien que classés sous différents thèmes, les autocollants de ce livre conviennent à tous les mannequins représentés et peuvent être mélangés. Des autocollants supplémentaires te permettent de créer tes propres vêtements.

Conseil

Mieux vaut colorier les autocollants sur leur page d'origine, juste au cas où ton crayon déborderait.

Mood board

Un « mood board » est un tableau sur lequel les créateurs de mode assemblent les divers éléments (couleurs, tissus, photos) qui les inspirent.

Certains autocollants se présentent sous forme d'images ou de photos, qui te serviront à décorer les pages une fois les mannequins habillés.

Manteaux d'hiver

Sers-toi des autocollants pour créer de chaudes tenues d'hiver pour les mannequins dans des teintes de rouge, de vert et de bleu. Ajoute ensuite des accessoires assortis.

Remplis l'arrière-plan avec les échantillons de tissu et les photos des pages d'autocollants.

Idées de couleurs à utiliser.

Maille nordique

Parfois, les créateurs ornent leurs vêtements d'hiver de motifs inspirés des tricots scandinaves traditionnels.

Colorie ces bonnets d'hiver.

Colorie les motifs
à carreaux de
l'arrière-plan.

Tenues de fête

Crée des tenues de fête pour les mannequins. Combine le jaune, le rouge, le rose et le noir, et ajoute des chaussures assorties.

Tenues de ski

Toute collection d'hiver se doit d'inclure des tenues de ski douillettes. Crée des tenues adaptées pour une journée sur les pistes ou une promenade dans la neige.

Invente tes propres motifs en coloriant les échantillons ci-dessus.

Robe du soir

Orne cette robe du soir d'autocollants pour la rendre éblouissante. Compose un motif avec les autocollants fournis, puis ajoute tes propres finitions.

Colle les échantillons des pages d'autocollants sur les cercles ci-dessus.

Pèlerine festive

Crée une tenue adaptée pour une promenade par une fraîche journée d'hiver, puis accessoirise la tenue.

Tu peux également colorier le motif en arrière-plan.

Bal masqué

Crée des tenues dignes d'un bal masqué. Tu peux décorer tes robes de motifs ou de dentelle inspirés des flocons de neige.

Colorie les masques dans des teintes froides.

Tu peux dessiner une superposition de dentelle sur cette robe.

Pulls de Noël

Quel motif pour un pull de Noël : un bonhomme de neige, un père Noël ou un renne avec un nez rouge ? Habille chaque mannequin d'un pull, de chaussures ou de bottes, et d'un bonnet assorti à sa tenue.

*Tu peux colorier
les décorations de
Noël en arrière-plan.*

Tenues de patinage

Crée des tenues adaptées à une séance d'entraînement avant un concours de patinage. Attribue à chaque mannequin une paire de patins accordée à sa tenue.

Colorie les patins de ces couleurs.

Soirée pyjama

Imagine que les mannequins ont été invitées à une soirée pyjama. Sers-toi de teintes pastel pour décorer leurs pyjamas et leurs pantoufles.

Idées de couleurs à utiliser.

Décore cette page avec les échantillons de tissus et les photos.

Accessoires d'hiver

Accessoirise la tenue de chaque mannequin avec un bonnet ou un cache-oreilles, et une écharpe.

Idées de couleurs à utiliser.

Ton propre carnet de croquis

Remplis un cahier de tes propres idées : décalque ou recopie le modèle de mannequin ci-contre, puis habille-le avec les autocollants restants. Tu peux aussi essayer de dessiner des vêtements sur le mannequin au lieu d'utiliser les autocollants.

Inspire-toi des couleurs et idées de ton carnet de croquis pour créer des motifs.

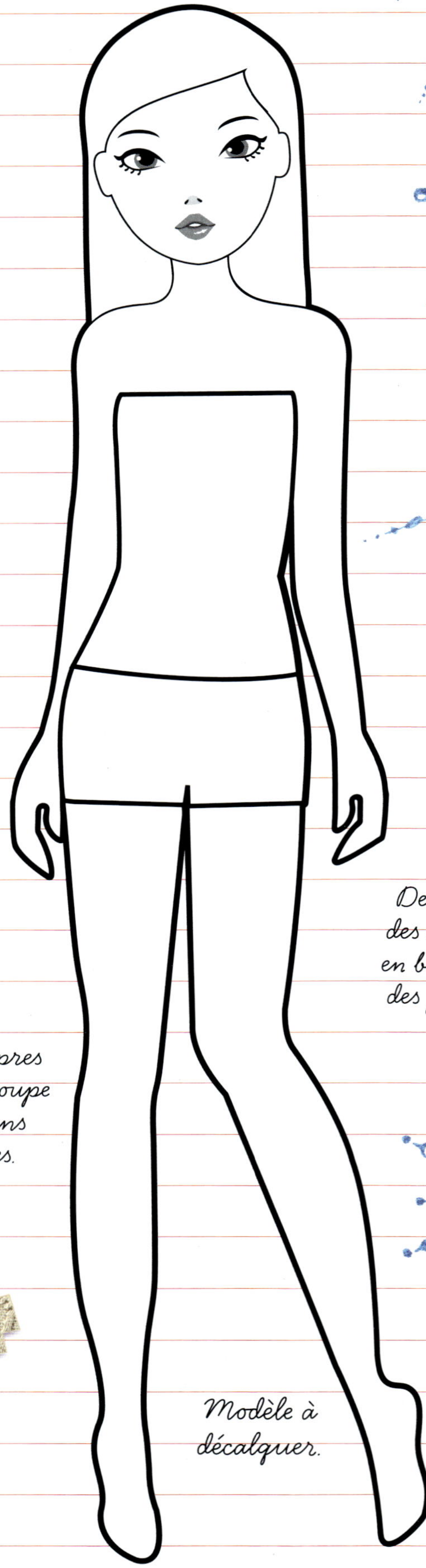

Dessine des motifs en bordure des pages.

Invente tes propres imprimés ou découpe des textures dans des magazines.

Modèle à décalquer.

Colle des illustrations ou photos de magazines qui t'ont inspiré.e.

Manteaux d'hiver pages 28-29

Colle les gants avant les manteaux.

Maille nordique

pages 30-31

Avec des rouges, bleus et violets, ajoute des rangées de motifs sur les autocollants unis.

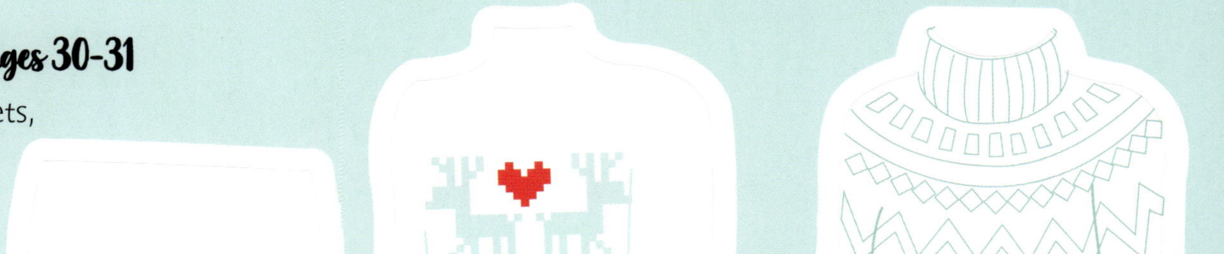

Tenues de fête pages 32-33

Décore ces autocollants avec des cœurs, des pois et des fleurs.

Tenues de ski pages 34-35

Colle les pantalons avant les vestes et les bottes.

Robe du soir page 36

Sers-toi de ces autocollants pour créer une robe éblouissante pour le mannequin de la page 36.

Pèlerine festive page 37

Colle le pantalon avant les bottes.

Bal masqué pages 38-39

Colle les chaussures avant
les robes longues.

Pulls de Noël pages 40-41

Décore les pulls non illustrés de tes propres dessins ou motifs.

Autocollants pour décorer les pages ou à utiliser comme motifs sur les pulls.

Tenues de patinage

pages 42-43

Pour des vêtements assortis, utilise les couleurs ci-dessous pour décorer les autocollants.

Soirée pyjama pages 44-45

Colle les pyjamas avant
les pantoufles.

Accessoires d'hiver pages 46-47

Utilise ces autocollants pour les pages 46 et 47, et ceux qui restent pour d'autres pages ou tes propres croquis.